Johannes Verrieth

Eine Anleitung zum LOSLASSEN

Warum Persönlichkeitsentwicklung nicht funktioniert

Impressum

Robert-koch-Platz 10
58239 Schwerte
Germany

Korrektorat: Anne Junker
Weitere Mitwirkende: Lisa Blohm, Mama, Papa

Inhalt

VORWORT

Was du in diesem Buch finden wirst, ist das, was mein Leben komplett verändert hat.

Ich bin Johannes Verrieth, und habe mich, seitdem ich vierzehn Jahre alt bin, mit vielen unterschiedlichen Themen der Persönlichkeitsentwicklung beschäftigt.

Ich wollte wissen, wie man selbstbewusst, glücklich und authentisch wird, aber nichts hat mein Leben wirklich grundlegend verändert und mich als Person zu der Person gemacht, die ich sein wollte.

Ich konnte nie authentisch sein, war extrem schüchtern und fühlte mich immer leicht depressiv. Es gab Tage, an denen ich so schüchtern war, dass ich in der Schule nicht ein Wort gesagt habe. Ich hätte mir niemals vorstellen können, dass ich heute Videos mache, die hunderttausende Menschen erreichen, ein sehr tiefes Selbstwertgefühl habe, generell sehr glücklich bin und einen starken inneren Frieden spüre.

Nichts hat mir damals tiefgründig helfen können. Tipps wie „Sensibilisiere dich gegen deine Angst, indem du die Sache, die dir Angst macht, immer wieder tust" sind zumindest etwas hilfreich, aber lösen die Angst nie WIRKLICH auf.

Was mein Leben in jedem Bereich – seien es Beziehungen, Gesundheit, Glück oder in meinem Beruf - verändert hat, war eine Arbeit, die tiefer geht und die ich in diesem Buch erklären werde.

Du musst loslassen und dich selber mögen.

Das weißt du wahrscheinlich, weil man überall hört:

„Lasse los!"

„Liebe dich selbst!"

„Sei authentisch!", aber leider erklärt niemand, *wie* man das WIRKLICH macht. Ich rede nicht von einer oberflächlichen Selbstliebe, sondern von einer tiefen, wahrhaftigen.

Dieses Buch wird dir dabei helfen.

Alles hat eine Ursache. Du bist nicht schüchtern und unglücklich geboren oder hast dich sofort selbst sabotiert.

Alles hat einen Ursprung.

Viel Spaß bei diesem Buch.

1. WARUM DU LOSLASSEN MUSST

Du wirst niemals Frieden finden, wenn du immer nach Anerkennung suchst und durch noch mehr Bücher oder Seminare danach strebst.

Du musst loslassen.

Einfache Meditationen helfen dir nicht. Auch das nächste Retreat wird nicht hilfreich sein.

Du musst loslassen und in den alten Schmerz hineingehen, in all die kleinen Situationen, die dich verletzt haben und bestimmte „Patterns" kreiert haben - wie nicht das sagen zu können, was man sagen will, zu schüchtern zu sein, usw.

Jeder von uns hat viele verschiedene Glaubenssätze aufgenommen, die zum Teil allgemein verbreitet sind.

So hast du vielleicht schon zuhause gelernt, dass es unangebracht ist, laut zu sein. Aber jeder nimmt auch Glaubenssätze auf, die persönlicher sind.

Wenn eine Person, die „Autorität hat" – vielleicht dein Lehrer in der Schule – etwas sehr bestimmt und überzeugt als „die Wahrheit" vermittelt und ihm viele andere Menschen zustimmen, glaubst du ihm deutlich eher.

All das, was heute deinen Schmerz ausmacht, kommt von bestimmten Situationen aus deiner Kindheit.

Aber auch heute entstehen noch neue Glaubenssätze und du kannst auch Dinge von heute oder gestern loslassen, weil ständig neue Dinge passieren, die neue Glaubenssätze kreieren können.

Alte emotionale Wunden loszulassen - wie angeschrien zu werden, abgelehnt zu werden und sich nicht gut genug zu fühlen - sind aber am wichtigsten.

Es ist simpel. Du musst nur komplett spüren, was hochkommt, wenn du an deine Ängste denkst, davor hast du aber wahrscheinlich einen starken Widerstand.

Viele Gurus reden davon, Glaubenssätze aufzulösen, durch einfache Gedanken, indem man sich sagt:

„Der Gedanke ist falsch."

„Ich liebe mich."

Vielleicht hilft das bei manchen Glaubenssätzen, aber meistens hilft es nicht.

Häufig versucht man, selbstbewusst zu werden, anstatt zu hinterfragen, warum man es nicht automatisch schon ist.

Du wärst es von selbst, wenn du loslassen und zur Ursache deines Problems kommen würdest.

„Was habe ich davon Xy zu sein?“

Diese Frage kann sehr hilfreich sein. Niemand macht etwas ohne Grund. Alles hat einen Grund, aber oftmals ist man sich diesem nicht bewusst.

Schüchtern zu sein, kann ein Schutzmechanismus vor Ablehnung sein – weil, wenn du selbstbewusst bist, könntest du eher abgelehnt werden.

Das ist vielleicht die Angst dahinter.

So ist es mit vielen Ängsten, Gewohnheiten, usw.

Du hast etwas davon!

Trigger sind die Lösung!

(Trigger = bestimmte Dinge, die dich berühren)

Wenn du getriggert wirst, kommt etwas von früher hoch. Wenn du, z.B. Angst hast, jemanden auf der Straße anzusprechen, kommt eine Emotion von früher hoch.

Diese Emotion wurde vielleicht schon jahrzehntelang unterdrückt und ist deshalb sehr stark.

Bewusst willst du die Person ansprechen, aber dein Unterbewusstsein verhindert dies, weil du damals eine unangenehme Situation hattest.

Man kann es auch als traumatische Situation bezeichnen, weil aus der Sicht eines Kindes vieles anders gesehen wird als heute, und so vieles überwältigend ist.

Vor der Klasse ausgelacht zu werden, kann sehr überwältigend sein, weil es alles ist, was du kennst. Sonst hast du nur dein Zuhause, die Schule ist sozusagen eine wichtige Umgebung, in der du überleben musst.

Du hast Angst, ausgestoßen zu werden.

Du weißt bewusst, es ist nicht schlimm, aber dein Unterbewusstsein hat all die angestauten Gefühle von früher und die können heute ständig (leicht bis stark) hochkommen.

Das will dein Unterbewusstsein vermeiden. Die Gefühle und Gedanken wurden so lange verdrängt, dass es zu viel wäre, sie hochzubringen.

Zumindest denkst du das, weil du das Gefühl hast, vor einer Kammer zu stehen in dem Glauben, hinter der Tür sei ein Monster, aber dort ist nichts.

Als Beispiel:

Der Gedanke „Ich bin nicht gut genug“ ist schon so lange da, weil du nie losgelassen hast, was diesen Gedanken erzeugt hat und das Momentum durch wiederholende Situationen und deiner wiederholten falschen Interpretation (von Situationen) zu stark ist.

Hättest du dich damals schon damit beschäftigt, wäre der Gedanke jetzt kein Problem, weil du ihn sofort losgelassen hättest und du keine weiteren Situationen, darauf basierend, falsch interpretiert hättest.

Du hast einen Glaubenssatz geschaffen:

Einen Baum, auf dem jetzt immer mehr Äste und Blätter wachsen – andere Glaubenssätze, die auf deinem Ursprungserlebnis basieren.

Du wirst immer so weiter machen und das Momentum wird immer stärker, je länger du lebst.

2. DER WEG AUS DEN SELBSTZWEIFELN: LOSLASSEN

Der Weg aus dem Kreislauf? Fang an, loszulassen, was du schon seit Jahrzehnten festhältst, weil du der Konfrontation mit deinen negativen Erlebnissen / Gefühlen aus dem Weg gehst.

Du musst Mut haben, etwas AUSzufühlen, denn so lässt du es los. Du kannst leicht Ausreden finden, und es dann doch nicht tun.

Du brauchst eine Sache - MUT.

Meditiere und gehe in all die negativen Gedanken, indem du sie fühlst! Und nicht denkst.

Hättest du keinen Widerstand dabei, wäre deine Angst schon lange aufgelöst, du wärst deutlich glücklicher.

In Situationen, in denen etwas Überwältigendes oder Beängstigendes passiert, beschäftigen wir uns nicht mehr damit.

Wir verdrängen es, bzw. wollen nicht weiter daran denken und so kommt es so weit wie möglich von unserem Bewusstsein weg.

Dieser Ort ist nicht die Luft oder ein anderes Universum, sondern unser Unterbewusstsein, wo es jetzt ständig aktiv ist und nonstop dafür sorgt, dass du dich weniger wert als andere, nicht gut genug, ängstlich und einfach unwohl fühlst.

So entsteht auch all das, was du nicht erklären kannst: Warum du dich sabotierst, dich bewertet fühlst, dich beweisen musst, dich nie gut genug fühlst, usw.

All das basiert auf Situationen, die in deinem Unterbewusstsein gespeichert sind, aber dennoch ständig aktiv sind!

Nur, weil du nicht weißt, was in deinem Unterbewusstsein ist und du dir nicht darüber bewusst bist, heißt es nicht, dass es nicht aktiv ist.

Ein Teil von dir sagt die ganze Zeit:

„Du bist schlecht, warum versuchst du es, du kannst nichts, du bist wertlos ..." und jetzt versuchst du, durch klassische Tricks dagegen anzukämpfen, anstatt es einfach loszulassen.

Auch beim „Positiv-Denken" ist diese Stimme aktiv.

Bewusst liest du gerade dieses Buch, aber eine Stimme von dir sagt all das, was du vielleicht schon seit zehn Jahren nonstop denkst und nicht loslassen kannst, weil du nicht weißt wie, und man überall so etwas hört wie:

„Denk positiv!"

„Sei dankbar!"

„Denke nicht an deine Vergangenheit!“

Aber all das beseitigt niemals deine inneren Wunden und du wirst dich immer noch ständig unwohl fühlen, wertlos und ungenügend.

Der logische Teil deines Gehirns ist ausgeprägter als der emotionale Teil, weswegen du dich bei emotionalen Ereignissen „wegdenkst“, während es passiert, danach verleugnest du, dass es überhaupt passiert ist.

Dann machst du einfach weiter mit deinem Leben, als wäre nichts passiert.

Wären wir wie Tiere, würden wir es fühlen.

Kurz vor dem Sterben, denken die Tiere an das Erlebnis und zittern. So lassen sie es los und sind wieder frei und glücklich.

Aber wir machen das nicht, weil wir viel zu logisch sind und ständig in unserem Kopf leben.

Loslassen ist der Weg, wie du permanent auf ein neues Level kommst.

Das meiste, was man in der Self-Help-Szene lernt, sind Tricks und Tipps an der Oberfläche, die nie dafür sorgen, dass du wirklich eine andere Person wirst.

Du versuchst immer etwas oberflächlich zu verändern, aber das funktioniert höchstens kurzfristig und ist niemals eine permanente Transformation.

Du bist immer noch genauso wie vorher, hast die gleichen unterdrückten Gefühle, die hochkommen wollen, die gleichen Ängste und die gleichen negativen Gedanken, die dich täglich runterziehen.

Ein Beispiel für ein oberflächliches Selbstwertgefühl:

Vielleicht wirst du durch das Ansprechen vieler fremder Menschen auf der Straße für einen Moment selbstbewusster und fühlst dich mutig und gut, aber es ist sehr kurzlebig und kein wahres Selbstbewusstsein, bzw. Selbstwertgefühl, was letztendlich alles das Gleiche ist.

All das wird da sein, wenn du in deine prägenden Erfahrungen gehst.

3. WIE DU LOSLÄSST UND GLÜCKLICH WIRST

Du denkst immer wieder an ein altes Erlebnis bei allen neuen Erlebnissen.

Wenn du früher gelernt hast, dass es nicht okay ist, authentisch zu sagen, was du sagen willst, kommt in einer heutigen Situation diese Programmierung, und der Schmerz von damals, wieder hoch und du kannst es wieder nicht tun.

Wenn du merkst, dass etwas hochkommt, ist es jedoch der perfekte Moment, um es endlich für immer loszulassen. Sonst ist das Erlebnis weit weg von deiner Wahrnehmung, aber jetzt ist es kurz oben in deiner Wahrnehmung. Jetzt kannst du in die Gefühle hineingehen und es so loslassen!

Trigger sind immer deine Freunde!

Es ist sinnvoll, nach Situationen zu suchen, die dich triggern, um vieles von früher hochzubringen.

Du bringst, wie ein Zauberer, immer mehr Hasen aus deinem Hut, wenn du getriggert wirst. Dann kannst du alles loslassen, loslassen und noch mehr loslassen.

Du kannst dann endlich auch etwas aus einem gebenden Standpunkt tun, weil du dich vollkommen fühlst, je öfter du es tust.

Ansonsten brauchst du immer Anerkennung und äußere Einflüsse, um dich wenigstens kurz vollkommen zu fühlen, nur um danach erneut ein extrem schlechtes Gefühl zu haben.

Denn immer, wenn du etwas tust, um dich gut genug zu fühlen, sagst du dir mehr und mehr, dass du es nicht bist. Wodurch ein Szenario entsteht, bei dem du dich danach schlechter fühlst, weil du etwas nur wegen Anerkennung getan hast.

Du bist aber auch jetzt schon gut genug.

Du bist gut genug und machst diesen Prozess, um mit dir zu sein. Wenn du versuchst, durch das Loslassen, gut genug zu werden, bzw. dich so zu fühlen, wird es nicht funktionieren und du fühlst dich nie gut genug.

Es ist endlos. Du kannst nicht gut genug werden. Du kannst auch nicht selbstbewusst werden. Du musst es realisieren, durch den Prozess des Loslassens.

Du musst nichts tun, um als Mensch zu genügen. Kein Mensch ist mehr oder weniger wert als der andere.

Wenn du alte unangenehme Situationen hochbringst, wirst du merken, dass es viele ähnliche Situationen gab, in denen du genau das Gleiche gefühlt hast, weil die meisten Erlebnisse im menschlichen Leben sehr wiederholend sind. (Es geht immer um das Fühlen.)

Du musst nicht herausfinden, was damals genau passiert ist. Es geht um das Fühlen, weil dann auch alle Gedanken weggehen, da beides zusammenhängt!

Du kannst dich nicht aus deinen Gedanken heraus denken, weswegen es deutlich besser ist, über die Gefühle zu gehen.

Jeder Gedanke erzeugt weitere, die ähnlich zum alten Gedanken sind. So funktioniert es nicht, deine Gedanken wiederholen sich nur durch das Denken.

Die Gefühle sind oft stark, vielleicht erst nicht, aber nach einer Zeit wirst du mehr und mehr spüren oder vielleicht wirst du auch sofort sehr viel fühlen.

Die Emotionen / Empfindungen wurden vermutlich Jahre unterdrückt und du hast alles getan, um sie zu verleugnen, kleiner zu machen und wegzustecken.

Deswegen sind die Emotionen gewachsen.

Wenn du sie jetzt akzeptierst, wird es vielleicht erst unangenehm, weil du diese Gefühle als unangenehm empfindest, letztendlich sind aber alle Gefühle gleich:

Empfindungen an deinem Körper.

Wenn du etwas für Jahre verdrängt hast, fühlst du dich vielleicht erstmal „schlecht“. Hätte man dir aber immer und immer wieder gesagt, dass sich so zu fühlen – wie du dich gerade fühlst – das Ziel ist und das Tollste überhaupt, wäre dein Erlebnis davon deutlich besser.

Es geht nie um die Emotionen, sondern immer um unsere Beziehung zu ihnen. Je öfter es dir sehr gut geht, desto mehr wirst du bemerken, wie gut du dann über „schlechte“ Emotionen denkst.

Du denkst in einem sehr positiven Zustand über „schlechte“ Emotionen. So etwas wie:

„Eigentlich gehört alles dazu und alles ist richtig“, aber während der „negativen“ Emotionen kann man das sehr leicht vergessen.

Letztendlich sind aber alle Emotionen neutral und nicht gut oder schlecht.

Dein Leben wäre langweilig, wenn du immer nur Freude spüren würdest – und extrem eintönig.

Du musst alles spüren, um das Leben zu spüren.

Leben ist nicht nur einseitig, alles ist richtig und gehört komplett dazu.

Je mehr du dich Emotionen hingeben kannst und den Widerstand und das Denken in gut und schlecht loslässt, umso mehr merkst du, dass eigentlich nichts Schlimm daran ist.

Du kannst sie vielleicht sogar genießen.

Es geht nicht darum, etwas „Gutes“ zu fühlen, sondern darum, das zu fühlen, was wirklich da ist.

Wenn du dich Tage oder Wochen „down“ fühlst oder „off“, dann ist das komplett in Ordnung und richtig. Du musst nicht positiv sein, wenn du es nicht wirklich bist.

Die meisten Leute haben Wunden und laufen damit herum. Jetzt versucht man durch alle möglichen Personal-Development-Tricks diese Wunden zu betäuben, aber nichts funktioniert wirklich.

Deshalb gibt es Leute, die sich – nachdem sie etliche Seminare und Kurse belegt und haufenweise Bücher gelesen haben – immer noch genauso fühlen wie vorher.

Genauso ist es natürlich auch mit materiellen Dingen. Du wirst nie etwas in dir verändern mit äußeren Einflüssen. Du kannst diese äußeren oder oberflächlichen (z.B. Affirmationen) Self-Help-Prozesse tausendmal wiederholen und nichts wird sich verändern.

Du wirst dich vielleicht etwas glücklicher oder selbstbewusster fühlen, aber nichts funktioniert wirklich, weil diese Wunden immer noch da sind.

Du musst zur Ursache von allem kommen, dann bist du permanent ein anderer Mensch und brauchst die vielen klassischen Tricks nicht mehr, welche nur an der Oberfläche spielen.

Letztendlich wird dieses tiefe Loslassen dich zu einem anderen Menschen machen.

Spiritualität oder wahre tiefe Veränderung ist nicht angenehm! Eine Raupe, die zu einem Schmetterling wird, hat es auch nicht einfach.

Du wirst dich nicht durch „denk-positiv“ Seminare wahrhaftig verändern. Du bleibst letztendlich gleich, fühlst dich immer noch wertlos, unglücklich und ungenügend. Nichts verändert daran etwas.

Aber es ist einfacher, einen Kristall unter sein Bett zu legen, in der Hoffnung, dass sich jetzt alles ändert, anstatt eine (etwas unangenehme) Arbeit zu machen, die wirklich zur Ursache geht und dein Leben verändert.

Du wirst in eine komplett andere Welt treten, in der alles anders ist, weil du *wirklich* anders bist.

Du wirst dich endlich in sozialen Interaktionen entspannen können, kannst authentisch sein und dein Leben wird mehr und mehr wunderbar, je mehr du diese Arbeit machst. Aber ich will natürlich nichts garantieren.

Alles wird einfacher und die RICHTIGEN Erfolge kommen mehr und mehr.

Oft weißt du nämlich gar nicht, was du wirklich willst, weil du so weit weg von deiner wahren Identität bist, davon, wie du früher vor der sozialen Programmierung warst, was deine wirklichen Werte, Vorstellungen und Wünsche an dein Leben und die Welt waren.

Du lässt all die Blockaden los, weil du endlich ein Tool zum Loslassen hast: Loslassen – nicht hinzufügen.

Du warst komplett und bist es auch jetzt, du hast es nur vergessen.

Sie wollen gehen. Du musst allem nur erlauben zu gehen, indem du es erlebst. Alles will gehen, nichts ist permanent und du solltest es niemals verdrängen.

Es wird automatisch gehen. Die Lüge ist nämlich, dass du denkst, das Leben sei gegen dich.

Das Leben ist für dich!

Ich kam in eine Depression, als ich mehr und mehr „denke-positiv" Bücher gelesen habe und gemerkt habe, dass ich nicht all meine Gedanken und Emotionen kontrollieren kann.

Du musst die Kontrolle abgeben und dem Leben vertrauen. Das heißt nicht, dass du beim Autofahren unaufmerksam sein sollst, aber es heißt, mehr dem Fluss des Lebens zu vertrauen und okay damit zu sein, alles zu fühlen!

Keine Widerstände vor Gedanken und Gefühlen zuzulassen!

Die Programmierung – sogar durch Seminare und Bücher – kann dich davon abhalten, weil du denkst, es sei nicht in Ordnung, bestimmte Dinge zu fühlen.

Aber alle Emotionen sind immer da, auch wenn du davor flüchtest und positiv denken willst. Es gibt einen Platz dafür, aber oft ist es ein impulsives Flüchten, was deine Lage letztendlich verschlechtert.

Du musst zur Ursache kommen, warum du nicht selbstbewusst, glücklich oder entspannt bist oder dich nicht gut genug fühlst.

Dann wirst du nahezu permanentes Glück erlangen und permanent in einer anderen Welt leben.

Durch Tricks flüchtest du nur kurz, bist aber in der gleichen Realität, die geprägt ist von dem vielen Bullshit von früher. Jeder Tag wird immer schwierig gemacht von deinem Kopf.

Es ist in Ordnung, dass dein Leben einfach ist!

Du musst es dir nicht weiterhin schwer machen. So viele Dinge macht man so viel schwieriger, als sie sein müssen. Letztendlich ist alles einfach.

Du willst ein Buch schreiben? Schreib es!

Du willst deinem Traumjob nachgehen? Mach es!

Wir haben aber nie gelernt, die Blockaden loszulassen, die uns davon abhalten dies zu tun. Wir versuchen dagegen anzukämpfen in dem wir uns sagen:

„Es kann nichts Schlimmes passieren, wenn ich das mache", aber all die Gedanken / Ängste / Gefühle sind weiterhin da. Du musst sie loslassen und alles wird viel, viel einfacher.

Eigentlich gibt es genau zwei Paradigmen:

- *Zweifel:* Alles ist schwer.
  Du fühlst dich wertlos und bist kraftlos.
- *Power:* Du fühlst dich gut, alles ist einfacher, Dinge fallen dir leicht und bereiten dir Freude, du lebst im Flow.

Du musst nichts tun und kannst frei entscheiden, ob und wie du arbeitest. Das ist das Paradigma, in welches du treten willst. Alles wird leichter, einfacher und mühelos.

Der Grund, warum dein Leben nicht mühelos ist, ist, dass du dich ständig unbewusst selbst sabotierst und deine Ziele eigentlich gar nicht erreichen willst.

Ein Teil von dir denkt, dass du nicht gut genug bist, weil du so (fast jeder) konditioniert wurdest.

Wenn deine Mutter sagt:

„Sei leise", und ihr gerade in einem Restaurant seid, will sie dir helfen. Wenn sie dann vielleicht nochmal lauter wird, weil du immer noch nicht leise bist, kannst du leicht denken, dass du nicht mehr geliebt wirst und verdrängst den Aspekt an dir, der laut ist.

Jetzt wirst du eine Person, die jeder als „introvertiert" bezeichnet. Introvertiert zu sein, heißt aber nicht, leise zu sein und Blockaden davor zu haben, authentisch und frei zu reden.

Du kannst introvertiert sein und trotzdem laut, frei und authentisch sein. Das wird passieren, wenn du die Gründe loslässt, warum du nicht laut und authentisch bist.

Dann wirst du es automatisch sein und aus dem Standpunkt ist alles mühelos. Du bist grundlegend selbstbewusst und brauchst, zum Beispiel keine Kommunikations-Tricks und -Tipps.

Die Ursache für Unsicherheiten liegt in der Kindheit, aber auch in der Jugend entstehen viele solcher Glaubenssätze.

Es sind Unsicherheiten wie bestimmte Gedanken über dich, die Welt und andere Menschen. Du fühlst dich weniger wert als andere Menschen.

Wenn du jetzt loslässt, was die Ursache davon ist, warum du zum Beispiel nicht viel Geld verdienen willst, wird alles mehr und mehr mühelos.

Geld verdienen, könnte für dich folgendes bedeuten:

Als anders gesehen zu werden, ausgenommen und betrogen zu werden, weil du viel Geld hast, einer der „schlechten" Reichen zu sein, weil du gelernt hast, dass viel Geld zu haben schlecht ist.

Du denkst bewusst:

„Ich will Geld", aber viele Erlebnisse von früher ziehen dich unbewusst runter und du wirst schwer in der Lage sein, es zu erreichen, weil du zwar alles dafür tust, aber ein größerer Teil dich sabotiert, ohne dass du es merkst.

Du sabotierst dich oft geringfügig und unbewusst, dagegen anzukämpfen, bringt meistens wenig. Manche schaffen es, aber das ist eher selten.

Du musst loslassen.

Das ist, meiner Meinung nach, der Grund, warum die Hälfte aller Leute die Bücher oder Kurse kaufen, sie (soweit ich weiß) nicht einmal anschauen.

Die Selbstsabotage ist viel zu groß. Du kaufst einen Kurs, der dir etwas über Finanzen beibringt, aber unbewusst hast du viel davon, weniger Geld zu verdienen.

Loszulassen heißt nicht, dass du weniger tust. Es heißt, dass du mehr tust und vor allem, dass du das Richtige, was zu deinen Weltvorstellungen und deinem eigenen Leben passt, tust – nicht zu anderen, sondern zu dir.

Vielleicht willst du lieber in einem Zelt leben, willst aber auch Anerkennung durch viel Geld oder Ruhm und läufst jetzt kompletten Illusionen hinterher, die dich innerlich kaputt machen.

Es kann aber auch sein, dass du das Richtige tust, aber aus dem falschen Grund:

Viel Geld zu verdienen, kann super sein, und vielleicht ist dein aktueller Job der richtige, aber du machst ihn, um eine Wunde zu füllen, die du niemals so füllen kannst.

Du wirst automatisch das Richtige tun, wenn du loslässt und tust es dann aus einem „gebenden Platz", weil du dich dann bereits gut genug fühlst und nichts brauchst, um etwas in dir zu füllen.

Dann kommst du in deine wahre Kraft und bist mächtig.

Es gibt mehrere Stufen in der Entwicklung des Menschen. Die meisten Menschen sind unten, wo sie denken, dass sie nichts an ihrem Leben verändern können.

Manche merken dann:

„Wow, ich kann durch Persönlichkeits-Entwicklungsbücher mein Leben kontrollieren!“

Dann fangen sie an, an ihrem Glück, ihren Finanzen und Beziehungen zu arbeiten.

Das ist aber nur der erste Step.

Der zweite ist:

„Schattenarbeit“ – beziehungsweise loslassen, warum du nicht schon automatisch motiviert bist zu arbeiten, inspiriert bist, gesund zu essen und was du davon hast, es nicht zu tun.

Vielleicht sagt dir deine Identität – die du aufgenommen hast – dass du jemand bist, der nie zu sportlich und gesund aussehen darf; Wir wollen immer so bleiben, wie unsere aufgebaute Identität es uns sagt.

So viele Tipps sind einfach nur Tipps, um sich nicht zu sabotieren! Du solltest automatisch motiviert sein.

Wenn du loslässt, kommt gar nicht mehr der Gedanke hoch „Warum bin ich nicht motiviert?“, weil du automatisch auf deine Gefühle achtest und morgens vielleicht arbeitest, dann einen Spaziergang machst und dann mit Freunden etwas unternimmst und dann wieder arbeitest. Alles wird authentisch und leichter, aber auch intensiver, weil dein Kopf nicht mehr mit Gedanken gefüllt ist.

Du kannst den Moment deutlich stärker wahrnehmen, weil du automatisch gegenwärtig bist. Negative Gedanken sind da, wegen negativen Erlebnissen …

Viele Menschen versuchen ins Jetzt zu kommen, indem sie ein- und ausatmen oder sich auf etwas im gegenwärtigen Moment konzentrieren.

Das ist natürlich alles besser, als nicht im Jetzt zu sein oder nicht motiviert zu sein und nicht zu versuchen, glücklich zu sein – alles hat seinen Platz.

Aber du solltest deinen Schmerzkörper loslassen!

Wenn du all das loslässt, was in deinem Kopf vor sich geht, wirst du automatisch im Jetzt sein. Dann hast du auch keine Angst davor, zurückzufallen, in deine Gedanken, weil sie einfach weg sind.

Viele Leute sind auch unbewusst süchtig nach einem emotionalen Zustand. Wenn du loslässt, kommen viele Gedanken nicht mehr hoch, weil sie dein Bewusstsein verlassen haben.

Deshalb kannst du nach diesem Prozess leicht denken, dass du nichts losgelassen hast, weil die Gedanken einfach alle WIRKLICH weg sind.

Wahre innere / äußere Transformation ist sehr subtil und fast nicht bemerkbar.

Du denkst vielleicht ein Jahr später, du warst schon immer so – und das ist gut! Dann ist die Veränderung in dir nämlich permanent!

Du hast nichts an der Oberfläche verändert, sondern bist zur Ursache gekommen, warum du Xy nicht schon automatisch, ohne eine Technik zu verwenden, bist.

Das ist wahre Magie.

Die meisten Leute, die noch viel mit sich tragen, denken vielleicht, sie sind produktiv, aber eigentlich verschwenden Sie nur Zeit.

Zum Beispiel lernen sie sehr viel, können aber nichts davon wirklich aufnehmen, weil viel zu viele Energien / Gedanken / Emotionen in ihnen aktiv sind.

Sie haben tausende Ängste, täglich die gleichen negativen Gedanken und das seit Jahren. Sie sabotieren sich ständig, alles ist nur ein kurzfristiges High, eine kurzfristige oberflächliche Veränderung, die nie permanent ist.

Sie denken immer noch genauso wie vor zehn Jahren und fühlen sich auch nach all den Self-Help-Erfahrungen noch gleich.

Wenn du nicht meditierst, nicht dankbar bist und einfach nichts tust, wie fühlst du dich dann?

Wahrscheinlich IMMER leicht angespannt, ängstlich und einfach „shitty“.

Diese Gefühle kommen fast immer von alten Erfahrungen, die du nie losgelassen hast. Tiere spüren sofort, wenn ihnen etwas Schlimmes passiert ist. Wir lenken uns durch Netflix ab. Oder andere Filme, Essen oder sogar Drogen.

Du kannst automatisch viel mehr tun, weil du dich schon gut fühlst, wenn du loslässt.

Loslassen bedeutet immer spüren.

Dein Grundzustand wird anders sein, dein Erlebnis von dir wird anders. Du wirst leichter und immer kindlicher, je mehr du loslässt.

Die meisten Menschen halten so viele Dinge fest, ohne es zu wissen, weil sie sich nie damit beschäftigt haben, obwohl es eigentlich nichts Wichtigeres gibt.

Du kannst nicht glücklich werden und in Frieden leben, wenn du immer so viele Lasten mit dir herumschleppst. Zu versuchen, glücklich zu werden, ist immer ein Pushen, weil du dich über alle deine negativen Situationen pushen musst. Meistens funktioniert es nicht und es funktioniert niemals permanent.

Statt hochzukommen, musst du loslassen und statt runterzufallen, fliegst du hoch. Hoch zu einem höheren, glücklichen und freundlichen Paradigma, weil du losgelassen hast und nichts weiter hinzugefügt hast.

Du lebst in einer Welt voller großartiger Möglichkeiten, aber keiner hat dir gesagt und erklärt, wie du es schaffst, dorthin zu kommen.

Viele sprechen davon, aber niemand sagt dir, wie du loslässt und wirklich über alle deine Hindernisse kommst, sei es dich selber nicht zu mögen, nicht motiviert zu sein oder sich einfach nicht gut genug zu fühlen.

Du musst loslassen und nicht weiter mit den Effekten spielen.

Du kannst versuchen, deinen Pickel auszudrücken oder du hinterfragst, warum der Pickel erst da ist (ungesunde Ernährung, Stress …)

Aber es ist natürlich immer schön zu hoffen, dass sich etwas durch das nächste Seminar verändert.

Es funktioniert nicht. Es ist natürlich besser als nichts, aber du musst loslassen, bzw. spüren.

Es gibt Self-Help-Coaches, die in einem höheren Paradigma sind und automatisch positiver denken und selbstbewusst sind.

Aber sie wissen, dass viele in einem Paradigma sind, in dem sie sich machtlos fühlen und sich als Opfer empfinden.

Da sind Tipps wie:

„Denk positiver!"

„Sei dankbar!"

„Du bist kein Opfer!"

Das ist zwar der richtige Weg, aber dann musst du tiefer gehen und dich fragen, woher es kommt, dass du dich nicht gut genug fühlst, du nicht selbstbewusst bist, etc.

Grundeigenschaften

Es gibt verschiedene Paradigmen. Viele Tricks brauchst du aber nicht mehr, wenn du die Ursache beseitigt hast.

Ein Kind, das nicht stark programmiert wurde, fragt sich nicht: „Warum bin ich nicht selbstbewusst?"

Die Frage kommt gar nicht auf, weil das Kind selbstbewusst ist und ein hohes Selbstwertgefühl hat!

Du hast es vielleicht nicht, weil du von Menschen negativ programmiert wurdest.

Es ist wichtig, als Kind zu lernen, dass man schauen soll, ob ein Auto kommt, bevor man über die Straße geht, lernt wie man isst, etc.

Aber vieles interpretiert man als Kind einfach falsch und es entstehen viele falsche Glaubenssätze, weil deine Sichtweise als Kind sehr klein ist und du auch noch sehr emotional bist. Dein logischer Part ist weniger ausgeprägt.

Viele Glaubenssätze entstehen im frühen Alter und man verändert sie nie, sondern lebt damit und versucht an der Oberfläche etwas zu verändern, anstatt sie komplett zu beseitigen und auf ein anderes Level zu kommen als jeder andere.

Ich denke immer noch an Dinge, für die ich dankbar bin und benutze einige Mindset-Tricks zur richtigen Zeit, aber vieles bin ich jetzt einfach!

Deine Dämonen sind das, was du am wenigstens sehen willst. Viele bezeichnen sie als Schattenseite: alles, was du über dich selber verdrängst. Vielleicht versuchst du nach außen immer stark zu sein und es kommt aus einem sehr impulsiven Platz.

Das lässt darauf schließen, dass du als Kind dafür abgelehnt wurdest, schwach zu sein.

Vielleicht dachtest du als Kind, dass du böse bist, weil du abgelehnt wirst, und dass dies das Einzige ist, was du daraus schließen kannst. Dann versuchst du nett zu sein und wirst ein „People-Pleaser", der immer Ja zu allem sagt.

Deine Dämonen sind alles, was dir ein gutes Leben schenken kann. Aber nur, wenn du sie hochbringst und nicht weiter verleugnest, verdrängst und ignorierst.

So wie wir konditioniert wurden, denken wir auch, dass es schlecht ist zu fühlen und die meisten Menschen verdrängen ihre Gefühle durchgehend.

Sie wollen nie fühlen, sie wollen die negativen Gefühle überdecken und sich „gut“ fühlen.

Die meisten Menschen denken sehr vereinfacht.

Sie wollen sich nur freudig fühlen, weil sie denken, das ist die beste Emotion, aber jede Emotion hat ihre Berechtigung und du bist hier, um alles zu fühlen.

Je mehr du deine Dämonen hochbringst, desto mehr verändert sich dein Grundzustand.

Du solltest keine Emotion als schlechter ansehen und dir erlauben, alles zu spüren, komplett!

Das Leiden kommt dadurch, dass du Widerstand leistest, gegen deine „negativen“ Gefühle, und du dich „anders“ fühlen willst.

4. SELBSTHASS

Selbsthass entsteht dadurch, dass du denkst, etwas mit dir ist falsch. Du denkst das, weil du meinst, dass bestimmte Aspekte an dir nicht in Ordnung sind.

Du denkst vielleicht auch, laut zu sein, sei schlecht, weil du deswegen abgelehnt wurdest – aber, wenn du nett und freundlich bist, dann wirst du „belohnt" von deinen Eltern.

So ist es auf einem sehr komplexen Level mit vielen unserer Eigenschaften. Wenn deine Eltern immer unsicher sind, denkst du vielleicht auch, dass so die Welt ist und man einfach unsicher und schüchtern ist. Du nimmst generell die Sichtweise aller Menschen auf.

Du lehnst mehr und mehr an dir ab und versucht es dann vielleicht mit Affirmationen.

„Ich bin toll!"

„Ich liebe mich!", aber es funktioniert niemals, weil du einen sehr großen Part an dir abgelehnt hast und immer noch denkst, dass etwas an dir nicht okay ist, weil so viele Anteile an dir abgelehnt wurden.

Die meisten Menschen leben bis zum Ende ihres Lebens mit der Illusion, dass sie nicht gut genug sind und können es niemals auflösen, weil sie nicht einmal wissen, woher das kommt.

Sie versuchen, zum Beispiel mehr Sport zu machen oder mehr zu arbeiten und kaufen vielleicht sogar Kurse, die versprechen, ihnen zu helfen.

Aber jede Motivation und jedes kurzfristige Pushen an der Oberfläche wird niemals zur Ursache kommen und damit nichts permanent verändern.

Vielleicht hast du als Kind die Identität aufgenommen, dass du das dicke Kind bist oder du verdienst deshalb wenig Geld, weil deine Eltern auch Geringverdiener waren.

Alles kommt zurück zum Freisetzen der Ursache. Dann wirst du automatisch inspiriert sein, Sport zu machen, Geld zu verdienen und dich nicht weiter zu sabotieren.

Es gibt keine schlechten Emotionen!

Wenn du altes hochbringst, ist es ungemein wichtig, das zu verinnerlichen. Alles was du fühlst ist okay und gut.

Es ist gut, alles zu fühlen, es geht nicht darum, nur die „positiven“ Emotionen / Empfindungen zu fühlen.

Welche Gefühle kommen hoch bei der Frage:

„Kann ich okay damit sein, alles zu fühlen?"

Wenn du Widerstand spürst, gehe komplett in diesen hinein und erlaube es dir, ihn zu spüren. Bewerte die Gefühle nicht, sondern *spüre* sie.

Nach dem Widerstand kommen die stärkeren, wahren Gefühle. Deine Gefühle erzeugen immer die Gedanken.

Wenn du die Gefühle loslässt, wirst du die Gedanken automatisch loslassen und die Welt deutlich mehr so sehen, wie sie ist.

Du empfindest bei deiner Angst keine überwältigenden Gefühle mehr, sondern siehst sie einfach nur, weil das Momentum der Emotionen weg ist.

Es triggert dich nicht, sondern es sind einfach nur Dinge, die du neutral siehst.

Oft gehen die assoziierten Gedanken aber auch komplett weg, weil die Trigger einfach weg sind. Die Trigger wollen gehen, du musst es ihnen nur erlauben.

Du musst die Trigger ausfühlen!

Du hältst an all deinen Emotionen fest, weil du Widerstand ihnen gegenüber leistest und dir nicht erlaubst, sie komplett zu spüren. Du solltest dich für eine gewisse Zeit darauf fokussieren, was du loslässt.

Es geht darum, alles anzuschauen, was du bist.

Dass du wütend sein kannst, eigentlich kein „People-Pleaser“ bist und extrem viele Ereignisse verdrängt hast, die aber noch durchgängig aktiv in dir sind.

Du bist vielleicht oft wütend, aber das bist du meistens nur wegen deinen verdrängten Erlebnissen, die ständig an die Oberfläche kommen wollen.

Wenn du getriggert bist, ist das – wie gesagt – der perfekte Moment, um in deine Gefühle zu gehen und den Trigger zurück zu verfolgen zu dem ersten Mal, als du so gefühlt hast.

Du wirst nicht mehr extrem wütend sein, wenn du all den Bullshit in dir hochbringst und loslässt.

Wut hat seinen Platz in dir, weil du manchmal, zum Beispiel „Nein“ und deine Meinung sagen solltest.

Aber du solltest dich nicht permanent so fühlen, nur wegen vergangenen Programmierungen, die stattgefunden haben.

Vielleicht denkst du, dass etwas Schlimmes passieren könnte, wenn du nicht immer nett und überfreundlich bist und zu allem Ja sagst.

Das entspricht aber nicht der Realität.

Du denkst es nur, aufgrund deiner Programmierung, die im jungen Alter stattgefunden hat, als deine Sicht auf die Welt noch sehr klein war und du sehr beeinflussbar warst. Danach leben leider fast alle Menschen ihr ganzes Leben mit diesen Lügen weiter.

Die meisten Erlebnisse sind verstaut hinter starkem Widerstand, weshalb es erstmal schwierig sein kann, an diese heranzukommen, aber wenn du Geduld hast, wird immer mehr hochkommen, weil du merkst, dass du damit klarkommst.

Die Erinnerungen sind dort aus einem Grund:

Aus der Sicht von damals war es sehr überwältigend, ausgelacht zu werden (was unter anderem die Ursache dafür sein kann, dass du schüchtern bist).

Die Situation war so überwältigend, dass du es so weit wie möglich verdrängt hast und auch nicht wahrhaben wolltest, dass es gerade passiert ist.

Es kann – wie gesagt – auch sein, dass du sofort sehr viel fühlst. Genau so habe ich empfunden.

Ich habe sofort sehr starke Gefühle gespürt, weil ich all meine Gefühle immer unterdrückt habe, was sie nur noch deutlich stärker gemacht hat.

Wenn du jünger bist, kann es sein, dass Empfindungen schneller hochkommen, weil weniger Widerstand aufgebaut wurde, sonst musst du erstmal mit dem Widerstand sein.

5. BLOCKADEN

Du wirst automatisch mehr erreichen können, wenn du auch deine Erfolgsblockaden loslässt.

Jeder Mensch denkt, dass er etwas nur bis zu einem bestimmten Level verdient.

Vielleicht willst du reich werden, aber wenn du ehrlich zu dir bist und überlegst, was du bisher verdient hast, denkst du wahrscheinlich, dass du es nie zu mehr bringen wirst, und das ist dann dein Erfolgslimit.

In jedem Bereich hat jeder ein Limit (unbewusst) entwickelt.

Jetzt versuchst du, zum Beispiel ein Produkt zu entwickeln und weißt, dass du dadurch Millionen verdienen könntest, aber du hast eine bestimmte Identität aufgenommen und pushst es deswegen immer weg, indem du prokrastinierst.

Vielleicht kannst du es mit ganz viel Mühe doch noch schaffen, aber selbst wenn, ist es zehnmal schwerer, als es eigentlich sein müsste. Ich sage natürlich nicht, dass du garantiert reich wirst.

Du pushst dich bewusst, aber unbewusst zieht dich etwas durchgehend runter, weil du tief in dir denkst, dass du dieses Ziel nicht verdienst. So ist es für die meisten Menschen in jedem Lebensbereich.

Bewusst willst du es, aber unbewusst pusht dich etwas viel Stärkeres, mit deutlich mehr Momentum, runter.

Du denkst unbewusst, dass du nicht mehr verdienst, weil mehr Geld nicht zu deiner aufgenommenen Identität passt.

Vielleicht warst du schüchtern oder immer unbeliebt in der Schule, vielleicht denkst du aber auch einfach, du kannst nicht mit den Aufgaben umgehen, die auf dich einprasseln würden, wenn du „Erfolg" hättest.

Du musst mit dem Teil von dir reden, der dich ungenügend fühlen lässt und dich runterzieht.

6. WIE DINGE EINFACH LAUFEN

Letztendlich ist alles einfach, wenn du auf dein Gefühl hörst und dich von ihm leiten lässt – alles ist zu guter Letzt klar. Vielleicht kennst du das Gefühl, dass dir manche Dinge leichtfallen. Vielleicht ein Hobby, das dir wenig Mühe bereitet.

Plötzlich winkt die Möglichkeit, mit deinem Hobby Erfolg zu haben und plötzlich fällt es dir schwer.

Du hast das Gefühl, dass du es nicht verdienst, dass du nicht gut genug bist.

Als Beispiel: Dieses Buch zu schreiben, fällt mir leicht. Es macht Spaß, ist mühelos und erfordert keine große Anstrengung oder einen großen „Hustle".

Warum es mir leicht fällt?

Weil ich okay damit bin, wenn dieses Buch Erfolg hat und es ist auch okay für mich, wenn es nicht erfolgreich wird. Ich habe all die Gründe losgelassen, die mir sagen, dass ich zu schlecht oder unklug dafür bin.

Jetzt zieht mich nichts mehr runter und ich kann es einfach tun.

Wir hinterfragen nie, woher es kommt, dass wir nicht motiviert sind und nehmen es einfach an.

Aber ein Teil von uns hat immer etwas davon, es nicht zu tun. Du behältst vielleicht deine aktuelle Komfortzone, wirst nicht abgelehnt und entgehst anderen Schwierigkeiten, die passieren *könnten* oder von denen du einfach nur denkst, dass sie passieren könnten.

Du kannst dich letztendlich nicht selber sabotieren, weil ein Teil von dir immer genau das bekommt, was er will! Mit diesem Teil musst du sprechen.

Je mehr du in diesen Prozess des Fühlens gehst, umso mehr weißt du, was du tun solltest und was nicht.

Du brauchst weniger Meinungen von außen, weil du dir selbst vertraust. Du kannst wieder auf deine Instinkte hören. Wenn du das schaffst, wird alles einfacher und du tust die richtigen Dinge.

Viele Menschen machen fast alles nur in Reaktion zu ihren Lasten. Sie streben nur nach bestimmten Zielen, weil sie sich dadurch erhoffen, sich endlich gut genug zu fühlen, nicht, weil sie es wirklich wollen und das Ergebnis wirklich genießen können.

Selbst wenn du dich über deine Selbstsabotage pushst, wirst du das Ergebnis nicht wirklich genießen können, weil du dich nicht so fühlst, als würdest du es verdienen.

Deshalb ist es eigentlich kein richtiges Ergebnis, sondern eine Illusion, welcher du hinterherjagst.

Wenn du loslässt, tust du Dinge nicht mehr aus Reaktion auf dein gekränktes Selbstwertgefühl, sondern aus Inspiration.

Menschen denken, die einzige Motivation ist Schmerz, sich über alte Lasten zu pushen. Sie stellen sich vor, wie toll eine Zukunft sein könnte mit „Erfolg".

Du wirst dich inspiriert fühlen, Dinge zu tun. Es kommt aber aus einem anderen Platz:

Um zu geben, nicht um sich komplett zu fühlen.

Glück sollte dein Startpunkt sein. Dann kannst du viel mehr geben, du wirst immer noch Dinge tun. Das ist wichtig zu verstehen, sonst hältst du an deinen Glaubenssätzen – wie den, dass du nicht gut genug bist – fest, weil du denkst, dass du sonst nichts tun würdest.

Dein Ausgangspunkt ist nicht schlecht!

Das ist die große Lüge, die jeder aufgenommen hat:

Dein Ausgangspunkt ist Glück und Erfüllung. Du musst loslassen und realisieren, dass du schon dort warst und nicht versuchen, durch die klassischen, oberflächlichen Tricks und Tipps, z.B. selbstbewusster zu werden.

Du musst keine bestimmten Übungen machen, um das zu erreichen, sondern loslassen, was dich von diesem Punkt in den falschen Tunnel gebracht hat.

Dann wirst du als Ausgangspunkt dort sein.

Du wirst nicht versuchen, woanders hinzukommen, sondern kannst den aktuellen Weg immer mehr genießen und akzeptieren.

Das heißt nicht, dass du weniger tust, es heißt, dass du alles akzeptierst und aus Liebe, statt aus Hass handelst.

Du wirst sogar mehr tun. Aber es wird sich nicht anfühlen wie Arbeit.

Arbeit sollte dir leichtfallen und dir Spaß machen – du solltest es tun *wollen*! Das Leben sollte ein konstantes Loslassen sein von früheren Dingen, aber auch von neueren Erfahrungen. Tust du das, wirst du freier, glücklicher und erfolgreicher.

Du hast so viele falsche Glaubenssätze und Gedanken über die Welt und dein Leben aufgenommen. Man kann sie als „Energien" bezeichnen, die dich in alle möglichen Richtungen ziehen und einschränken.

Mein großes Problem mit klassischen Self-Help-Videos ist auch folgendes:

Sie sind ein guter erster Step, halten dich aber irgendwann auf.

Du musst tiefer gehen und in deine Gefühle abtauchen, und sie erleben. Du solltest mehr und mehr in die Gefühle gehen und sie dich „übernehmen“ lassen. Du solltest nichts kontrollieren und mit allen Gefühlen okay sein. Du solltest vielleicht erstmal sanft beginnen, falls die Empfindungen für dich (vielleicht gesundheitlich) zu stark sind.

7. GLÜCK OHNE GRUND

Wenn du Gefühle oder Gedanken beobachtest, basiert dein Glück auch wieder auf etwas und du kannst es nie wirklich genießen, weil du Angst hast „runterzufallen".

Wenn du dein Glück aber auf absolut nichts aufbaust, kann man es dir nicht nehmen.

Das Fundament deines Glücks sollte nicht auf äußeren Umständen aufgebaut sein und auch nicht auf klassischen Self-Help-Übungen.

Du solltest dich ohne Grund glücklich fühlen.

Die große Lüge ist, wie gesagt, folgende:

Wir denken, wir müssen etwas tun, um glücklich zu werden, weil wir all diese Prägungen oder das „Trauma" schon seitdem wir uns erinnern können, haben. Wir kennen kaum eine Welt ohne diese Widerstände und Ängste.

Aber unter diesen fühlst du dich automatisch glücklich. Deine Gedanken zu beobachten, ist ein netter erster Step, aber der zweite sollte sein, in diesen „Shit" hineinzugehen und ihn für immer loszulassen, wodurch du zu einem ganz anderen Level kommst.

Das Beispiel „Laut zu sein“ benutze ich gerne, theoretisch könnte man aber auch hunderte andere Prägungen als Beispiel verwenden.

Deine Eltern haben keine schlechte Absicht, wenn sie dir sagen, dass du stark sein und nicht weinen oder in einem bestimmten Kontext leise sein sollst.

Deine Interpretation davon erzeugt das Problem.

Viele kleine Situationen sind für ein Kind prägend. Wenn deine Mutter dich als Kind im Einkaufszentrum kurz alleine gelassen hat, kann das eine Angst vor dem Verlassen kreieren.

8. DIE FALSCHE IDENTITÄT

Wir haben über unser Leben schon extrem viel in unsere „falsche Identität" investiert, haben dafür Anerkennung bekommen und wissen, dass wir damit bis heute überlebt haben. Wir denken, dass wenn wir authentisch sind, es nicht mehr sicher ist.

Das ist eine Lüge!

Ein erster Schritt kann sein, darauf zu achten, wenn andere Menschen laut, freudig und authentisch sind und das, ohne einen Gedanken daran zu verschwenden, was andere Menschen über sie denken.

Wenn du es diesen Menschen erlauben kannst, kannst du es dir auch etwas mehr erlauben, aber du musst natürlich durch diesen Prozess vor allem zur Ursache kommen! All deine Unsicherheiten haben eine Ursache.

Vielleicht hat deine Mutter dich als Kind „angemacht", wenn du andere Leute zu lange angeschaut hast. Schließlich „tut man so etwas nicht".

Das kann ein Grund dafür sein, warum du heute Probleme damit hast, Augenkontakt zu halten. Du denkst, dass es etwas Schlechtes ist, weil du damit das Gefühl verbindest, kritisiert zu werden und dich ungeliebt zu fühlen.

9. EIN ANDERER TRICK

Wie gesagt, ist das nur ein erster, kurzfristiger Schritt!

Akzeptiere es, wenn du nervös bist und mache dich sogar darüber lustig, wenn du den Prozess des Loslassens gerade nicht machen kannst.

Sonst kämpfst du permanent gegen das Gefühl an, kommst schnell in eine Abwärtsspirale und hasst dich dafür, dass du gerade unsicher bist und dann hasst du dich dafür, dass du dich hasst.

Drücke es aus! Gestehe es dir ein und sage:
Oh mein Gott, ich bin so nervös!
Vielleicht kannst du sogar über dich lachen.

Das ist ein guter erster Trick, aber wenn du es schaffst, in deine Gefühle zu gehen und sie zurück zu verfolgen, auf ihren Ursprung, wirst du solche Tricks auf lange Sicht nicht mehr brauchen.

10. ÜBER TRIGGER

Getriggert zu sein, heißt nicht, dass du getriggert reagieren sollst, auf die Person, die dies verursacht hat. Getriggert zu sein, heißt auch nicht, nur wütend zu sein.

Viele Trigger basieren letztendlich auf einer Angst. Ängste, die kleiner oder größer sind.

Die Angst, bewertet zu werden, oder nicht gemocht zu werden, beispielsweise.

Der beste Weg, um dir bewusst zu machen, was der Ursprung deiner Angst ist, ist dich selbst nach dem *Warum* zu fragen:

„Warum wäre es schlimm, wenn Xy passiert?"

Du kannst dich im meditativen Prozess des Loslassens auch gedanklich in die Angst begeben und fragen:

„Was, wenn es wirklich so passiert?

Um die Angst herauszufinden:

Frag dich dreimal:

„Warum?"

„Warum ist das so schlecht?"

„Was, wenn das wirklich passiert?"

Ein Beispiel:

Du hast Angst, draußen auf der Straße von fremden Menschen bewertet zu werden.

Jetzt kannst du dich erst fragen:

„Warum?“

Die Antwort könnte lauten:

„Weil ich Angst habe, nicht gemocht zu werden und mich fürchte, dass die Menschen sehen, wer ich wirklich bin“.

Dann kannst du nochmal tiefer gehen und dich fragen.

„Was, wenn das stimmt?“

Die Antwort ist vielleicht:

„Dann heißt es, dass ich nicht gut genug bin.“

Auf diese Weise kannst du immer tiefer gehen.

Letztendlich geht es aber darum, einfach zu fühlen.

Du musst nicht mit jedem Trigger diesen Prozess machen. Du musst einfach nur spüren, was passieren könnte und dich daran erinnern, wie es sich in der Vergangenheit angefühlt hat. Du musst auch da nicht wissen, was früher genau passiert ist.

11. WAHRE SELBSTLIEBE

Du musst lernen, alles was du gerade nicht an dir magst, zu lieben und zu akzeptieren, um es wirklich loslassen zu können. Sonst hängst du noch daran.

Das kann erstmal sehr konträr klingen, aber sich dafür abzulehnen, wie man aussieht und wie dein Leben ist und aus diesem Standpunkt etwas zu machen, ist für die meisten der erste Schritt, aber dann wird alles zehnmal schwieriger sein und du tust es aus „Hass" und nicht aus „Liebe".

Wenn du alles akzeptierst und liebst – sei es dein Aussehen, dein Gehalt, deine Schwächen – wirst du wahrhaftig frei.

Jetzt denkst du dir vielleicht:

„Okay, cool. Aber wie mache ich das?"

Auch dafür ist der Weg kein klassischer Tipp, sondern etwas Tieferes. Der Weg, wie du es wirklich schaffen kannst, führt nicht über Affirmationen (Ich liebe mich), sondern über das Loslassen.

Was kommt bei dir hoch bei der Aussage:

„Ich liebe und akzeptiere alles an mir"?

„Ich liebe und akzeptiere Xy komplett an mir"?

Es geht nicht darum, sich dadurch gut zu fühlen, sondern den Widerstand zu fühlen, der bei den Gedanken hochkommt!

Das ist meine Art, wie ich Affirmationen benutze.

Wenn du diesen Widerstand vor der Selbstliebe komplett spürst, lässt du ihn los. Vielleicht spannst du dich an, wenn du ihn spürst – wie gesagt:

Alle *Gefühle* sind gut und richtig. So liebst / magst du dich wirklich. Nur, wenn du auch negative Gefühle zulässt, wirst du dich wirklich lieben können! Nicht durch Affirmationen, um dich gut zu fühlen, denn solche Affirmationen funktionieren nicht!

Wenn du dir wiederholt sagst:

„Ich bin selbstbewusst!", aber weißt, dass du es nicht bist, sagt jetzt eine Stimme in deinem Kopf immer wieder: „Nein, bist du nicht!"

Jetzt könntest du in diese unangenehmen Gedanken – deine Gefühle – gehen, aber du drückst sie wieder runter, wodurch du dich letztendlich noch schlechter fühlst.

Du musst sie spüren, wenn du das nicht machst, wird der Teil von dir, der dich ablehnt, nur noch stärker!

12. WAS MEINE ICH MIT *APATHIE?*

Die meisten Menschen leben in einem Zustand, in dem sie nichts fühlen wollen. Sie verdrängen sowohl die positiven als auch die negativen Gefühle, weil sie gelernt haben, dass es positive und negative Gefühle gibt.

Nur die negativen Gefühle zu unterdrücken, ist kaum möglich, weshalb viele Menschen sich dazu entscheiden, lieber gar nichts zu fühlen als die negativen, schmerzhaften Emotionen.

Natürlich funktioniert das überhaupt nicht.

Du lebst dann mehr und mehr in einem toten Zustand:

Du existierst, aber lebst nicht.

Es geht darum, alles zu spüren!

Es geht nicht um die Emotionen, sondern unsere Beziehung zu diesen. Der Widerstand, bestimmte Emotionen zu spüren oder sich „besser" fühlen zu wollen, macht es schlecht!

Apathie ist nicht die Lösung!

Die Emotionen sind auch in diesem, Apathie ähnlichen, Zustand da, nur lässt du sie überhaupt nicht zu.

Um diesem Zustand zu überwinden, kann es hilfreich sein, kalt zu duschen und das Wasser zu SPÜREN, anstatt dich gegen die Kälte zu wehren. Für manche Menschen kann die Kälte zu viel sein, aber wenn du es gesundheitlich aushalten kannst, ist das ein guter Weg.

Du kannst alles, was in den meisten Büchern an Wissen steht, vergessen – auch in diesem.

Um dich zu transformieren, brauchst du nicht noch mehr Wissen. Du musst deine Ängste und „unangenehmen" Gefühle spüren! Jedes Gefühl will gehen.

Wenn du es spürst, gehen all deine Gefühle und alle Gedanken, die damit assoziiert sind.

Wenn du, beispielsweise süchtig nach Anerkennung bist, geht es um *Abhängigkeit* und Widerstand.

Die Abhängigkeit gemocht zu werden, musst du loslassen und okay damit sein, abgelehnt zu werden. So machst du dich frei davon.

Das ist meine tägliche Routine. Immer, wenn mich etwas triggert, fühle ich diesen komplett aus und tracke ihn zurück auf vergangene Situationen, als ich ähnlich GEFÜHLT habe.

Beim Thema Anerkennung frage ich mich:

„Kann ich okay damit sein, abgelehnt zu werden?"

„Kann ich okay damit sein, niemals Anerkennung zu bekommen?" Diese Frage solltest du noch genauer bezogen auf dein Leben stellen.

„Was, wenn mich meine Mutter nicht mag?"

„Was, wenn ich niemals bekannt werde und von meinem Freund Jimmy niemals Anerkennung bekomme, egal was ich auch mache?"

Es heißt nicht, dass das stimmt, aber ein Teil in dir glaubt es. Du solltest die Sucht nach Anerkennung komplett loslassen, du wirst immer noch handeln, aber von einem besseren Platz.

13. BEI ANGST

Wenn du Angst hast, musst du dir die Angst vorstellen und dich erinnern, wann du schon mal ähnlich gefühlt hast. Es geht aber auch dann nicht ums Denken, sondern ums Fühlen.

Du musst einfach fühlen.

Du musst auch nicht wissen, wann genau du so gefühlt hast, fühle einfach! Es ist in Ordnung, wenn die Gefühle dich übernehmen.

Diesen Prozess wende ich auf alles an:

Wenn ich vor einer Herausforderung stehe, wegen der ich mir Sorgen mache, denke ich an diese Sorgen und stelle mir vor, dass sie zutreffen.

Wenn morgen etwas Unangenehmes ansteht, denke ich daran, wenn ich in einer bestimmten Situation schüchtern reagiere oder unsicher bin, denke ich daran und daran, was schlimmstenfalls passieren könnte und ich versuche mich an die Situationen zu erinnern, in denen ich mich schon mal so gefühlt habe.

Wie gesagt, als Kind nimmst du vieles falsch auf und interpretierst es nicht richtig. All die Sichtweisen sind jetzt in deinem Unterbewusstsein vergraben.

Durch das Spüren der Gefühle werden nach einigen Minuten die Gefühle schwächer und die Gedanken gehen auch.

Du solltest aber keine Erwartungen haben!

Vielleicht fühlst du dich nach dieser Meditation, bzw. diesem Prozess „schlechter" oder etwas komisch – wie gesagt – es gibt keine schlechten Gefühle!

Je mehr du das machst, umso mehr lässt du all deine negativen Glaubenssätze los und kommst zu einem höheren Zustand von Glück.

Dein Grundzustand und dein Erlebnis vom Leben werden deutlich leichter. Du kannst Dinge als nicht so groß und wichtig wahrnehmen und bleibst cool.

Und vor allem kannst du die Reise namens Leben genießen. Dein Leben wird einfach mehr und mehr der Hammer.

14. DIE FLUCHT

Der Weg, wie du wirklich frei von deinen „negativen“ Gedanken wirst, führt nie darüber, dass du sie überdeckst.

Die meisten Leute leben ständig mit einem Kühlschrank. Wie meine ich das? Es ist ein Kühlschrank voll negativer Energie, der ständig aktiv ist, aber erst bemerkt wird, wenn es leise ist.

Du hörst deinen Kühlschrank sonst nicht, aber er ist ständig aktiv.

Deine Gedanken aus deiner Jugend / Kindheit und alles, was du in dein Unterbewusstsein getan hast und verleugnet hast, dass es überhaupt passiert ist, sind aktiv.

Gerade in diesem Moment sind sie aktiv, ohne dass du es weißt. Man kann es auch als kleine Depression bezeichnen oder einfach etwas, das dafür sorgt, dass du dich „shitty“ fühlst.

Du fühlst dich nicht extrem schlecht, aber flüchtest ständig vor deinen eigenen Emotionen und je mehr du flüchtest – sei es durch Essen oder Fernsehen – umso mehr zeigt dir dein Verhalten, dass du dein Leben nicht magst.

Du lebst nicht, sondern flüchtest, du handelst nicht authentisch, sondern tust Dinge in Reaktion auf deine negativen Gedanken und Gefühle – sie kontrollieren dich und dein gesamtes Leben.

Es geht nicht darum, selbstbewusst zu werden, sondern loszulassen, wodurch du zu deiner Version kommst und alles aus Inspiration tun kannst.

Es ist besser, das zu fühlen, was gerade da ist, als das „Negative“ zu überlachen.

Das Ziel ist nicht, sich positiv zu fühlen, sondern das zu fühlen, was gerade da ist.

15. ÜBER DAS EGO

Dein Ego entsteht, wenn du Schmerz erlebt hast. Nach unangenehmen Situationen – manche nennen sie auch Traumas – gehst du in eine von zwei Richtungen:

Entweder wirst du zu einem „People-Pleaser", der es jedem recht machen will und Konflikte meidet.

Oder du entwickelst narzisstische Tendenzen und denkst, dass du über anderen stehst, alles vermeintlich besser weißt – du wirst unnahbar.

Jeder von uns entwickelt eine Tendenz in die eine oder andere Richtung.

Natürlich gibt es dazwischen Abstufungen – nicht jeder ist ein ausgewachsener Narzisst oder durch und durch ein „People-Pleaser".

Oftmals sind starke „People-Pleaser" und starke Narzissten befreundet, weil der starke „People-Pleaser" den Narzissten in seinem Selbstbild bestärkt, ihm zuhört und sagt, wie toll er ist.

Dein Ego ist da, weil du dich nicht mit bestimmten Aspekten von dir auseinandersetzen willst.

Du verdrängst, dass du verletzt und ausgelacht wurdest oder dich einfach nicht geliebt gefühlt oder keine Anerkennung bekommen hast und all die anderen unangenehmen Situationen in deinem Leben, die dich geprägt haben.

Jetzt denkst du dir, dass du das nicht bist. Du bist nur noch der Anteil an dir, der all die abgelehnten Aspekte nicht verkörpert.

Dann baust du diesen Teil immer weiter aus und vergrößerst so dein Ego, in der Hoffnung, dass der verdrängte Part sich dadurch auflöst.

Du hoffst, dass dein Ego irgendwann groß genug wird und denkst, du hast so viel erreicht, dass der „inakzeptable" Part von dir nicht mehr existiert.

Das wird aber niemals funktionieren.

Dieser Anteil deines Selbst wird immer da sein, egal was du erreichst.

Auch wenn du der reichste Mensch der Welt bist, wird er noch da sein, außer du integrierst ihn und schaust ihn an. Eine der wichtigsten Fragen, die du dir stellen solltest, ist, ob du okay damit sein kannst, von anderen abgelehnt zu werden oder nie Anerkennung zu bekommen.

Wir sind so, wie wir konditioniert wurden, geradezu abhängig von Anerkennung, weil wir als Kind lernen, dass wir Anerkennung brauchen, um zu überleben – so interpretieren wir es zumindest.

16. LOSLASSEN

Du lässt los, indem du in deine Ängste und unangenehmen Erfahrungen gehst. Deine Trigger helfen dir am besten dabei.

Achte darauf, wenn du getriggert wirst.

Zuerst bemerkst du es vielleicht nicht, aber je mehr du darauf achtest, umso mehr kannst du diese Situation spüren und dann zum Auslöser zurückverfolgen.

Es ist nicht schlimm, wenn das von früher nicht sofort hochkommt. Bleibe einfach mit dem, was du spürst.

Vielleicht werden aber auch sofort starke Emotionen hochkommen.

Wenn du schon meditierst, kannst du dadurch in einem Jahr eine komplett andere Person sein.

So war es bei mir und ich kann mich heute nur schwer daran erinnern, wie ich mich vor meiner Transformation gefühlt habe. Ich habe mich wahrhaftig transformiert.

Du musst nichts aufrechterhalten, sondern loslassen / freisetzen, dann wirst du ein anderer Mensch, der ohne seine negative Programmierung lebt und frei und authentisch sein kann.

Eigentlich wirst du kein anderer Mensch, sondern deine reinste erste Version. Es ist eine Zurückentwicklung, die uns weiterbringt.

Ich empfehle, diese Meditation / Übung morgens, mittags und abends für zehn bis zwanzig Minuten durchzuführen.

Wenn du das nicht schaffst, solltest du dir auf jeden Fall einmal täglich Zeit nehmen, um alte Gefühle loszulassen. Natürlich kannst du die Übung so oft machen, wie es sich für dich gut anfühlt.

Ich bleibe mit meinen Triggern, egal wie stark sie sind.

Vielleicht triggert es dich, durch die Stadt zu laufen und du denkst, dass du bewertet wirst oder dass jemand auf deine Beine, deine Haare, deinen Bauch oder sonst etwas an dir schaut.

Was auch immer dein Trigger ist, nutze ihn für dich.

Jeder Mensch hat viele verschiedene Glaubenssätze aufgenommen.

Bei einer Programmierung denkst du, kurz gesagt, dass es nicht okay ist, so zu sein, wie du in dem Moment warst, dass du anders sein musst. Du hast, im Prinzip eine Wunde auf deinem Arm, die du ständig verleugnest und nicht anschaust.

Wenn du in die Übung gehst, wirst du dir der Wunde bewusst und kannst sie dadurch freisetzen.

Du bist aber jetzt schon gut genug, mache den Prozess mit diesem Gedanken.

Es heißt, dass du ein noch besseres Leben kreierst, welches zu *dir* passt und dass du wirklich wahrnehmen kannst, weil du nicht mehr in deinen alten, sich wiederholenden, negativen Gedanken lebst. Du wirst frei davon und kannst deine Lasten endlich loslassen.

Hier ist noch mal eine Anleitung, in gewisser Weise alles, was du für deine Entwicklung brauchst.

Um loszulassen, tue Folgendes:

- Sei dir bewusst darüber, was du loslassen willst. (Ein Muster in deinem Leben, wenn du getriggert bist, etc.)
- Erlaube es, hochzukommen und spüre es komplett. Spüre, was da ist.
- So lässt du los. Es wird automatisch abschwächen.

Was ich gerne mache, ist *Empfindungen* auszuatmen, beziehungsweise, mir vorzustellen, dass sie aus mir herausfließen, wenn ich ausatme.

Ich führe dabei drei Atemzirkel durch, in denen ich in fünf bis sieben Sekunden einatme, meinen

Atem drei Sekunden lang halte und dann alles, was in mir vorgeht, für fünf bis sieben Sekunden ausatme, danach halte ich noch mal kurz und atme dann wieder normal.

Bevor du in die Empfindungen gehst, kannst du in deinen Rücken atmen, um im Kontakt mit deinem Körper zu sein.

Tägliche Meditationen sind am besten.

So mache ich es und ich habe mich in nur einem Jahr von jemandem, der extrem schüchtern, ängstlich und überhaupt nicht in der Lage war, authentisch zu sein, hin zu jemandem entwickelt, der wirklich authentisch ist, ein wahres Selbstwertgefühl hat und einfach durchgehend deutlich glücklicher ist.

Du profitierst am meisten von diesem Buch, wenn dein Fokus vor allem auf der intensiven Arbeit des Loslassens liegt.

Benutze dieses Tool, so wie es für dich gut ist.

Wenn es dir zu schlecht geht, mache eine Pause – es gibt keine festen Regeln, aber eben auch keine schlechten Gefühle!

Für weitere Fragen, Videos und vieles mehr folge mir unbedingt auf Instagram und auf Youtube.

@johannesverrieth

DISCLAIMER

Dieses Buch ist kein Ersatz oder Beihilfe für therapeutische und psychologische Hilfe.

Die Empfindungen könnten zu stark sein.

Ich gebe mit meinem Buch keine Garantie auf Erfolg in jedwede Richtung.

Dieses Buch soll keine Hilfe im Bereich von Krankheiten und / oder jeglichen mentalen Krankheiten sein.

Ich bin kein Psychologe oder Therapeut und habe keine Ausbildungen in diesem (oder ähnlichen) Bereich absolviert.

Ich übernehme keine Verantwortung für negative Fälle oder negative Interpretationen der Tools.

Printed in Poland
by Amazon Fulfillment
Poland Sp. z o.o., Wrocław

61153667R00042